BEI GRIN MACHT SICH IHR WISSEN BEZAHLT

- Wir veröffentlichen Ihre Hausarbeit, Bachelor- und Masterarbeit

- Ihr eigenes eBook und Buch - weltweit in allen wichtigen Shops

- Verdienen Sie an jedem Verkauf

Jetzt bei www.GRIN.com hochladen und kostenlos publizieren

Jessica Schumacher

Zur Sprache des Buches Qohelet

Auf der Suche nach dem Glück. Eine Einführung in den Prediger Salomo

GRIN Verlag

Bibliografische Information der Deutschen Nationalbibliothek:

Die Deutsche Bibliothek verzeichnet diese Publikation in der Deutschen National-
bibliografie; detaillierte bibliografische Daten sind im Internet über http://dnb.d-
nb.de/ abrufbar.

Dieses Werk sowie alle darin enthaltenen einzelnen Beiträge und Abbildungen
sind urheberrechtlich geschützt. Jede Verwertung, die nicht ausdrücklich vom
Urheberrechtsschutz zugelassen ist, bedarf der vorherigen Zustimmung des Verla-
ges. Das gilt insbesondere für Vervielfältigungen, Bearbeitungen, Übersetzungen,
Mikroverfilmungen, Auswertungen durch Datenbanken und für die Einspeicherung
und Verarbeitung in elektronische Systeme. Alle Rechte, auch die des auszugsweisen
Nachdrucks, der fotomechanischen Wiedergabe (einschließlich Mikrokopie) sowie
der Auswertung durch Datenbanken oder ähnliche Einrichtungen, vorbehalten.

Impressum:

Copyright © 2003 GRIN Verlag GmbH
Druck und Bindung: Books on Demand GmbH, Norderstedt Germany
ISBN: 978-3-656-72803-0

Dieses Buch bei GRIN:

http://www.grin.com/de/e-book/279740/zur-sprache-des-buches-qohelet

GRIN - Your knowledge has value

Der GRIN Verlag publiziert seit 1998 wissenschaftliche Arbeiten von Studenten, Hochschullehrern und anderen Akademikern als eBook und gedrucktes Buch. Die Verlagswebsite www.grin.com ist die ideale Plattform zur Veröffentlichung von Hausarbeiten, Abschlussarbeiten, wissenschaftlichen Aufsätzen, Dissertationen und Fachbüchern.

Besuchen Sie uns im Internet:

http://www.grin.com/

http://www.facebook.com/grincom

http://www.twitter.com/grin_com

Zur Sprache des Buches Qohelet

- Die Eigenart des von Qohelet geschriebenen Hebräisch
- Qohelet - Eine Übersetzung aus dem Aramäischen?

Ausarbeitung des Referates vom 04.12.02 zum
Erwerb eines Seminar-Scheines
im Fachbereich Theologie und Sozialethik an der
Technischen Universität Darmstadt

Name: Jessica Schumacher

Kurs: Seminar: Auf der Suche nach dem Glück -
Eine Einführung in den Prediger Salomo

1   Inhaltsverzeichnis

2   Einleitung

In unserem Seminar „Auf der Suche nach dem Glück – Eine Einführung in den Prediger Salomo" beschäftigen wir uns u.a. mit der zeitlichen Einordnung des Buches Qohelet, fragen nach dem Autor und der Art und Weise (einheitlich, redaktionell) des Geschriebenen. So werde ich nachfolgend versuchen, durch die Untersuchung der Sprache dem Datierungszeitpunkt Qohelets etwas näher kommen. Hierzu beziehe ich mich hauptsächlich auf den Text von Diethelm Michel, den ich in zwei Blöcke einteile und ihn durch weitere Quellen ergänze. Zunächst werde ich auf die Eigenart des von Qohelet geschriebenen Hebräisch und zum anderen auf den Gedankengang, Qohelet könne eine Übersetzung aus dem Aramäischen sein, eingehen.

3   Zur Sprache des Buches Qohelet

Um sich dem Entstehungszeitpunkt anzunähern, folgen nun zuerst eine Untersuchung des Hebräischen bei Qohelet und anschließend eine über die Annahme, Qohelet könne eine Übersetzung aus dem Aramäischen sein.

3.1   Die Eigenart des von Qohelet geschriebenen Hebräisch

Das Hebräisch des Buches Qohelet unterscheidet sich erheblich vom übrigen Alten Testament (AT) und ähnelt eher dem späteren Mischna-Hebräisch. (Unter Mischna ist die Auslegungstradition des Korans zu verstehen.)
Zum einen bestehen im Hebräischen große Unterschiede im Wortschatz und zum anderen in den grammatischen Formen. Der Forscher Dahood geht an diesem Punkt noch weiter und behauptet sogar: *"Linguistically, the Book of Ecclesiastes, Hebrew Qoheleth, has always been an enigma."* [1] („Linguistisch betrachtet, ist das Buch der Kleriker, hebräisch Qohelet,

---

[1] vgl. DAHOOD in MICHEL, Diethelm, Zur Sprache des Buches Qohelet, aus: Qohelet, Darmstadt: Wiss. Buchges., 1988 (Erträge der Forschung, Bd. 258), S. 46

schon immer ein Rätsel gewesen.") Dahood versucht, in Qohelet den Bewohner einer phönizischen Stadt zu sehen, wobei er besonders auf einige angeblich aus der Kaufmannssprache stammende Wörter hinweist.

Zum einen gibt es zwei Lehnwörter zum Persischen: *pardes* (Baumgarten Qoh. 2,5 vgl. Paradies) und *pitgam* (Botschaft, Urteil Qoh. 8,11), woraus Dahood schlussfolgert, dass das Buch nicht vor 450 v. Chr. geschrieben worden sein kann. Weiterhin hat er herausgefunden, dass Qohelet chaldäische Bruchstücke enthält und dass einige Vokabeln und grammatische Formen Parallelen zum Aramäischen aufweisen. Hierzu haben Delitzsch (1875) und Delsman (1979) Zusammenstellungen vorgelegt. Neben den eben genannten Auffälligkeiten bestehen Verwandtschaften zum späteren Mischna-Hebräisch.

Viele Wissenschaftler resümieren aus ihrer sprachlichen Forschung bzgl. der Besonderheiten, dass das Buch frühestens aus der ezra-nehemianischen Zeit - eher aber aus der nachexilischen Zeit – stammt. Dieses Fazit zieht Delitzsch bereits schon 1875, als er erläutert, dass es keine Geschichte der hebräischen Sprache geben würde, wenn es altsalomonisch wäre.

Piotti ermittelt in den Jahren 1973 und 1977 noch Genaueres: Gegen Ende der persischen Herrschaft hat sich in der Gegend von Asdod neben dem literarischen Hebräisch und dem gesprochenem Judäisch ein umgangssprachliches Hebräisch entwickelt, welches in der Zeit der Abwesenheit der exilierten Judäer stark von phönizischen (nordwestsemitischen) Besonderheiten beeinflusst worden ist.

Qohelet sollte daher als Zeugnis für ein volkstümliches Hebräisch betrachtet werden und nicht als Übersetzung aus dem Aramäischen oder eines phönizischen Ursprungs.

Aus dem Kontext heraus, dass Qohelet seine Orthographie zwar auf hebräisch geschrieben habe, grammatische Besonderheiten jedoch auf phönizischen Einfluss schließen ließen, modifiziert Piotti Dahoods These, Qohelet hätte eine phönizische Stadt bewohnt, dadurch, dass er sagt, dass eine Vielzahl der historischen und sozialen Anlehnungen an den Klerus besser verständlich sind, wenn man vermutet, dass Qohelet ein Bewohner einer phönizischen Stadt gewesen sei. (1952)

Gordis legt 1955 eine überzeugende Kritik vor, welche einen phönizischen Einfluss überflüssig macht: Denn alle für diese Theorie in Anspruch genommenen Passagen sind durch einen biblischen, protomischnaischen (= Vorgänger der Mischna - was gesammelt

---

wurde und später aufgeschrieben worden ist) oder aramäischen Hintergrund ableitbar. (*"...The theory cannot, however, be demonstrated before the bar of truth."* [2])

Lohfink hält es für möglich, dass sich beim Übergang vom klassischen Hebräisch zum Mischna-Hebräisch aramäische und griechische Sprachmuster mit dem Hebräischen vermischt haben, da die Sprache des Buches älter als die der Mischna sei, aber bereits Züge des Mischna-Hebräischen zeige - also auch schon bei Qohelet. Philosophische Begriffe, griechische Syntax und Stereotypen, die in der Intellektuellensprache bzw. in der Kaufmannssprache wieder auftauchen, deuten darauf hin, dass es sich um eine realitätsnahe Sprache handelt (vgl. heute Anglizismen). Diesen Behauptungen kann Michel allerdings nicht zustimmen, da sie ihm nicht verständlich genug sind. Er betrachtet als Wurzeln die Mischung von Prosa (→ geradeaus gerichtete (=schlichte) Rede) mit Versen verschiedenster Metra (→ Verslehre) aus semitischen Ursprüngen.

In Israel gibt es eine bisher unbekannte philosophische Prosa, die Beobachtungen aneinander reiht, Gedankengänge schrittweise entwickelt, Sprachmünzen kommentiert und neu prägt.

Schoors hält als vorläufiges Ergebnis seiner ausführlichen Studien zur Orthographie, Morphologie und Syntax der Sprache des Qohelets fest, dass diese eindeutig für das letzte Stadium der Entwicklung des biblischen Hebräisch sprechen. [3] Er untersucht Indizien für ein spätes Stadium der Sprachentwicklung: Die Austauschbarkeit von *Sin* und *Samech* (im Hebräischen gibt es drei verschiedene s-Bedeutungen *(sin, samech, samdi)*, die zwar unterschiedlich geschrieben werden, aber gleich ausgesprochen werden), den Gebrauch der *matres lectionis*, welcher ein Entwicklungsstadium zwischen dem in der Bibel und dem in Qumran gebräuchlichen Hebräisch repräsentiert, das feminine Demonstrativpronomen, das Fehlen des *imperfectum consecutivum* in speziellen Fällen, die Verschmelzung von einigen Silben, das häufige Fehlen von Suffixes in Relativsätzen und noch einige zwar weniger beweiskräftige, aber das Gesamtbild ergänzende Indizien weisen auf eine spätere Sprachentwicklung hin.

---

[2] vgl. GORDIS in MICHEL, Diethelm, Zur Sprache des Buches Qohelet, aus: Qohelet, Darmstadt: Wiss. Buchges., 1988 (Erträge der Forschung, Bd. 258), S. 47

[3] vgl. SCHOORS in KRÜGER Thomas, Kohelet, BK XIX, S. 63

3.2   Übersetzung aus dem Aramäischen?

Die andere Möglichkeit für die Eigentümlichkeiten des Qohelet könnte sich dadurch erklären lassen, dass Qohelet eine Übersetzung aus dem Aramäischen ist.

Bereits 1903 hält es Margoliouth für möglich, dass Qohelet eine Übersetzung eines indogermanischen Originals sei, blieb aber mit seiner Annahme allein. Im Jahr 1922 ist Burkitts Vermutung an Hand von Daten etc., dass Qohelet eine Übersetzung aus dem Aramäischen sein könnte, überzeugender. Diese Vermutung hat Zimmermann im Jahre 1945/46 zu manifestieren versucht: Zahlreiche aramäische Wörter sind vorhanden und Unregelmäßigkeiten im Gebrauch des Artikels bei Qohelet sind als Fehlübersetzungen zu erklären. (Später ergänzt Gordis, dass Qohelet in Hebräisch von einem Autor geschrieben worden sei, der Aramäisch kannte und im alltäglichen Leben auch gebrauchte.) Schwierige Stellen sind als Übersetzungsfehler anzusehen, da sie durch Rückübersetzung ins Aramäische erklärbar werden. Die aramäische Konsonantengruppe *hw'*, die *hu'* (er) oder *hawa'* (er war) vokalisiert werden kann, ist an einigen Stellen verwechselt und falsch übersetzt worden. Außerdem ist eine Verwechslung in den Zeitstufen des Verbs zu erkennen. Dem hebräischen Verb *qhl* entspricht im Aramäischen *kns* (versammeln), das feminine aramäische Partizip *knsh*, das als Äquivalent zu Qohelet vorauszusetzen ist, hat denselben Zahlenwert wie *slmh* (Salomo) und soll ein Hinweis auf die Salomonische Verfasserschaft sein. (Der Zahlenwert bedeutet, dass früher die Buchstaben gezählt wurden: A = 1, B = 2...; *slmh*: wird mit paramaischem Zahlenwert verglichen)

In den Jahren 1946/47 hält Gordis dagegen, da ein schwieriger Text eher für das Original als für eine Übersetzung sprechen würde. Allerdings hat die Diskussion zwischen Zimmermann und Gordis bis 1952 auch nichts Wesentliches verändert.

1948 äußert Torrey, dass auch er von einem aramäischen Original ausgehe, das z.B. zur Erhaltung salomonischer Weisheit erst später ins Hebräische übersetzt worden sei. Ginsberg schließt sich 1950 Zimmermann weitgehend an - nur in der Annahme, dass *qhlt* aufs aramäische *knsh* zurückzuführen ist, nicht. Das deutet er als Fehlübersetzung eines maskulinen aramäischen Partizips, das im Hebräischen irrtümlich als feminin gebraucht wird.

Der sich zuletzt zu dieser Problematik geäußerte Wissenschaftler ist Whitley im Jahre 1979. An Hand seiner Untersuchungen ist es für ihn weder eindeutig wahrscheinlich, dass es sich um ein aramäisches noch um ein phönizisches Original handelt. (*"Our examination of the language of Qoheleth suggests that there is little to indicate that the book is a translation from an Aramaic original. Equally improbable is the view that the work was originally composed in Phoenician orthography and shows the influence of Phoenician syntax and morphology."* [4] – „Unsere Untersuchungen bzgl. der Sprache des Qohelet schlägt vor, dass man nur wenig darauf hindeutet, dass das Buch eine Übersetzung eines aramäischen Originals sei. Genauso unwahrscheinlich ist die Sicht, dass das Buch original in phönizischer Orthographie verfasst war und den Einfluss phönizischer Syntax und Morphologie (Formenlehre) zeigt.")

Unwahrscheinlich sei nach Whitley an Zimmermanns Theorie, dass es sich um etwa 30 Übersetzungsfehler handle, denn wenn der Übersetzer nicht mit der Sprache vertraut gewesen wäre, hätte er sich an diesen schwierigen Text nicht herangewagt. Whitley stellt in Frage, dass ein von Zimmermann vorgeschlagenes aramäisches Original eine akzeptablere Grundlage als ein hebräisches gebe. Für ihn steht fest: *"The Aramaismn of the book as a whole may therefore more naturally regarded as indications of Aramaic influence than as evidence of translation from an Aramaic original."* [5] („Die Aramaismen des Buches als Ganzes können daher als Indikatoren von aramäischem Einfluss natürlicher betrachtet werden, wie als Beweis für eine Übersetzung von einem aramäischen Original." – schließlich hat auch Jesus die aramäische Sprache (=eine semitische Sprache) gesprochen.)

Whitley versucht, Qohelet zu datieren: Zum einen machen etliche Wendungen deutlich, dass der Autor mit Sprache und Literatur des ATs vertraut war. Zum anderen haben die Aramaismen des Buches Qohelet ihre nächste Parallele in dem aus Masada stammenden Text von Jesus Sirach. Für Whitley ist es nicht zwingend notwendig, dass der Jesus Sirach, wie oft behauptet, vom Qohelet abhängig ist. Linguistisch betrachtet, ist das Hebräisch des Jesus Sirach eine frühere Sprachstufe und inhaltlich orthodoxer.

Qohelet wurde also später als Jesus Sirach verfasst und zwar später als 180 v. Chr.. Diese Behauptung ist darauf zurückzuführen, dass der Enkel von Jesus Sirach das 180 v. Chr. verfasste Werk seines Großvaters etwa 132 v. Chr. ins Griechische übersetzt hat. Noch detaillierter vergleicht Whitley Textstellen bspw. mit Daniel, welcher auf 167-164 v. Chr. zurückzuführen ist und eine Grundlage für Qohelet bildet. Die frühestmögliche Entstehung ist also auf vor 142 v. Chr. zu datieren, da die Qumranleute aus Jerusalem bei ihrem Auszug einen Qoheletext mitnahmen.

---

[4] vgl. WHITLEY in MICHEL, Diethelm, Zur Sprache des Buches Qohelet, aus: Qohelet, Darmstadt: Wiss. Buchges., 1988 (Erträge der Forschung, Bd. 258), S. 50

[5] vgl. WHITLEY in MICHEL, Diethelm, Zur Sprache des Buches Qohelet, aus: Qohelet, Darmstadt: Wiss. Buchges., 1988 (Erträge der Forschung, Bd. 258), S. 50

4   Zusammenfassung der Ergebnisse

Zusammenfassend lässt sich sagen, dass der Datierungszeitpunkt Qohelets nur annäherungsweise zu bestimmen ist. Da sich Qohelet erheblich vom restlichen AT unterscheidet und Parallelen zum späteren Mischna-Hebräisch aufweist, muss eine nahezu „rätselhafte" Sprachentwicklung stattgefunden haben. Es sind Unterschiede im Wortschatz, sowie an den grammatischen Formen (im Vergleich zum Hebräisch des ATs) zu sehen, chaldäische Bruchstücke enthalten und zwei Lehnwörter zum Persischen festzustellen, sodass man von einer Entstehung nach 450 v. Chr. ausgehen muss (ezra-nehemianische oder eher nachexilische Zeit), was die Aussage Delitschs bestätigt, dass man von einer hebräischen Sprache ausgehen kann, wenn Qohelet altsalomonisch wäre. Piotti geht von einer Entwicklung eines umgangssprachlichen Hebräisch aus, der sehr stark unter phönizischem Einfluss gestanden haben muss, so dass Qohelet als ein Zeugnis des volkstümlichen Hebräisch gilt. Gordis leitet die Passagen aber von einem biblischen, protomischnaischen oder aramäischen Hintergrund ab, sodass eine phönizischer Einfluss überflüssig wird. Lohfink hält eine Vermischung von aramäischen und griechischen Sprachmustern beim Übergang vom klassischen zum Mischna-Hebräisch für wahrscheinlich. Schoors Untersuchungen bestätigen eine Entwicklung einer späten Entwicklung des Hebräischen.

Auch der Ausgangspunkt, Qohelet sei eine Übersetzung aus dem Aramäischen wird untersucht. Margoliouth geht 1903 von einem indogermanischen Original aus, wozu Burkitt 1922 noch genauere Untersuchungen anstellt. Später manifestiert Zimmermann diese Vermutung: Schwierige Stellen sind als Übersetzungsfehler anzusehen, da sie durch eine Rückübersetzung ins Aramäische erklärbar sind. Hierbei kann es zu falschen Vokalisierungen der Konsonantengruppen, Verwechslungen in den Zeitstufen der Verben oder zu Vertauschungen maskuliner und femininer Partizipien gekommen sein. Für Gordis spricht der Qohelettext 1946/47 eher für das Original als für eine Übersetzung. Hieraus entwickeln sich Diskussionen zwischen ihm und Zimmermann, die zu keiner Lösung führen. Auch Torrey geht 1948 von aramäischem Original aus, das erst später ins Hebräische übersetzt worden ist. 1950 schließt sich Ginsberg Zimmermann weitgehend an. Für Whitley ist es 1979 weder eindeutig, dass es sich ganz klar um ein aramäisches noch um phönizisches Original handelt. Er stellt Zimmermanns These, ein aramäisches Original sei eine akzeptablere Grundlage als ein hebräisches in Frage. Whitley datiert Qohelet auf nach 180 v. Chr. durch Vergleich mit der Entstehung Jesus Sirachs, auf 167-164 v. Chr. durch Daniel und detailliert auf 142 v. Chr. auf Grund der Qumranleute.

Abschließend kann man festhalten, dass einiges dafür spricht, dass Qohelet eine Übersetzung aus dem Aramäischen sei, die frühestmögliche Übersetzung ist auf 142 v. Chr. zu datieren.

5   Literaturverzeichnis

- MICHEL Diethelm, Zur Sprache des Buches Qohelet, aus: Qohelet, Darmstadt: Wiss. Buchges., 1988 (Erträge der Forschung, Bd. 258), S. 46-51

- KRÜGER Thomas, Kohelet, BK XIX